CATALOGUE

D'UNE PRÉCIEUSE COLLECTION

DE

DOCUMENTS HISTORIQUES

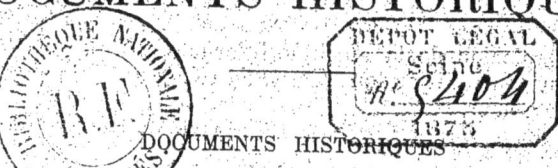

DOCUMENTS HISTORIQUES

1. **Philippe-Auguste**, roi de France, n. 1165, m. 1223. — Charte, en latin, sur vélin; Paris, 1193, 1 p. in-4, avec le monogramme royal. Précieuse pièce un peu jaunie.

   Charte par laquelle le Roi confirme, à la demande de Pierre de Courtenay, comte de Nevers, la donation du fief de Saint-Cyr faite par ledit comte à Guill. de Garlande, chevalier, pour le fidèle service qu'il lui a rendu.

2. **Jean**, roi de France. — Charte, sur vélin; Paris, 8 sept. 1362, 1 p. in-fol. oblong. Jaunie.

   Pièce historique. Le roi rembourse à Pierre de Villiers des sommes prêtées par lui au Dauphin, alors régent, pour la rançon d'un prisonnier et la délivrance du chastel de Regennes.

3. **Terrier des seigneurs de Monjournal**, manuscrit, sur vélin, du xve siècle, 42 p. in-fol., rel.

   Très-intéressant manuscrit, qui vient de la bibliothèque d'Alexis MONTEIL, dont on trouve en tête une lettre signée, adressée à M. Lacabane. La seigneurie de Monjournal relevait du duché de BOURBONNAIS et d'AUVERGNE: elle était située près de Saint-Germain-lès-Fossés, qui se trouve actuellement dans le département de l'Allier. Ce terrier est fort bien conservé et contient de curieux renseignements pour la topographie du Bourbonnais au xve siècle. Le premier acte est du 26 octobre 1454 et le dernier du 18 mars 1455 (n. s.).

4. **Régence.** Etat des fermes des gabelles de France et Lyonnais, pendant l'année 1713, mss. original, sig. par PHILIPPE D'ORLÉANS, régent de France, VOYER D'ARGENSON, LAW, le célèbre contrôleur des finances, et LE PELLETIER DE LA HOUSSAYE; Paris, 25 février 1720, 52 p. in-fol.

   Document fort curieux pour l'histoire des finances de cette époque.

5. **Dix-huitième siècle.** 27 l. s. par Breteuil, Campan, Amelot, Miromenil, et autres, la plupart du règne de Louis XVI, 27 p. in-fol. Intéressant dossier historique.

6. — Deux lettres anonymes; Paris, 17 et 18 mars (1778), 5 p. in-4.

Curieuses nouvelles à la main. — Duel du comte d'Artois et du duc de Bourbon, à la suite d'un outrage fait à la femme de ce dernier. Déclaration de guerre à l'Angleterre.

7. **Projet de traité avec Rome en l'an IV.** Pièce aut. sig. du conventionnel J.-F. Ritter; quartier-général de Finale. 16 nivôse an IV, 2 p. in-fol., tête impr.

Projet de traité avec la cour de Rome : à ces seules conditions la paix lui sera accordée. Il y a un traité ostensible et un traité secret. Dans le premier une clause porte que Pie VI fera don à la République de l'Apollon de Belvédère.

8. **Explosion de la machine infernale.** 2 l. s. par *Fouché* au général Girardon; Paris, an IX, 8 p. 1/2 in-4, vig. et tête impr.

Renseignements sur *Petit-François* qui a acheté la charrette et le cheval, et annonce de son arrestation.

9. **Affaire de Boulogne**, en 1840. 2 l. aut. (dont une incomplète) de Mme Gordon, maîtresse du prince Louis-Napoléon, impliquée dans l'affaire de Boulogne, 10 p. in-8.

Curieuses lettres sur l'affaire de Boulogne qu'elle aurait empêchée si elle l'eût connue. Témoignages d'affection pour le pauvre prince dont elle se trouve séparée.

10. **Mariage de Napoléon III.** P. a. s. du *maréchal Vaillant*; 27 janv. 1853, 1/2 p. in-fol.

Ordre sur la tenue des officiers de la maison de l'Empereur pour les cérémonies du mariage civil et du mariage religieux.

---

11. **Aérostation.** 1° 2 lettres sig. de Vergennes et du marquis de Sércut; septembre et décembre 1784, 2 p. in-4.

Modèle de montgolfière offert aux princes; recommandation en faveur de Pilâtre de Rozier qui veut traverser le Pas de Calais.

2° Pièce autographe de *Blanchard*, 4 p. in-fol.

Récit d'une ascension faite par lui à Nuremberg en 1787.

3° 8 lettres d'aéronautes, entre autres *Zambeccari*, *Garnerin*, *Sadler*, *Margat*, etc.

12. **Affaires étrangères.** 4 pièces, dont un acte sig. par Louis XIII, concernant des ambassadeurs, une lettre de 1635 sur Constantinople, etc.

13. — 7 l. s. par *Louis XIV* (signature du secrétaire de la main) au sultan et à ses ministres; 1704-10, 7 p. in-fol. oblong, cachets. Intéressantes.

14. **Besons** (Jacques Bazin de), maréchal de France, n. 1646, m. 1733. — Minute d'une lettre aut. sig. au duc de Noailles; Saragosse, 29 mai (1709), 2 p. 1/2 in-4.

Curieuse lettre dans laquelle il annonce son élévation à la dignité de maréchal de France.

15. **Besons.** 1° L. s. à Philippe V, avec la réponse de 4 lignes aut. sig. de ce prince; camp d'Algoara, 23 sept. 1709, 5 p. 1/2 in-fol.

<small>Il le dissuade de passer la Sègre. — Philippe V répond que toutes ses représentations sont inutiles et qu'il est résolu à passer la Sègre.</small>

2° 27 minutes de lettres, les unes autographes, les autres avec des corrections, adressées à Philippe V, au duc de Noailles, à Mme des Ursins, etc.; 1709, environ 80 p. in-4.

<small>Correspondance des plus intéressantes.</small>

16. **Besons.** 2 l. a. s. de PHILIPPE V, roi d'Espagne, au maréchal de Besons; Madrid, 2 août 1709, et Muel, 7 sept. 1709, 2 p. in-4.

<small>Très-belles lettres sur la campagne d'Espagne et témoignages d'estime pour le maréchal. — Ces deux lettres pourront être vendues séparément.</small>

17. **Besons.** 10 l. s. de LOUIS XIV au maréchal de Besons; 1708-1709, 34 p. in-fol.

<small>Importantes dépêches signées du secrétaire de la main et toutes relatives à la campagne de 1709.</small>

18. **Besons.** 90 lettres signées par *Chamillart, Voysin, le duc de Noailles*, etc., au maréchal de Besons; 1709, environ 300 p. in-4 et in-fol.

<small>Dossier très-important contenant toutes les dépêches de Chamillart à Besons. C'est l'histoire de la campagne de 1709 en Espagne, campagne qui valut à Besons le bâton de maréchal de France.</small>

19. **Bibliographie.** Liasse d'environ 50 notes ou pièces autographes de *Gabriel Peignot* sur divers sujets bibliographiques. Intéressant dossier.

20. **Clergé.** Bref, sur vélin, en latin, du pape *Calixte III*; Rome, 6 mars 1458, 1 p. in-fol. oblong.

21. — 2 p. s., sur vélin, par *Louis XIII*; 1611-1626, 2 p. in-fol. oblong.

<small>Dons faits par le Roi aux Jacobins et aux Jésuites.</small>

22. — PORT-ROYAL. 1° 9 l. aut. de M. Besson, dont une signée, à M. Burlugai; 1677-1721, 23 p. in-8.

<small>Correspondance des plus curieuses sur Port-Royal des Champs et l'abbé de Saint-Cyran.</small>

2° *Mémoire pour les dames abbesses et religieuses de Port-Royal contre la prétention de M. le curé de Magny du droit de paroisse sur la basse-cour et ferme des granges de cette abbaye*, pièce autographe de M. Besson, 15 p. 1/4 in-4. Intéressant document.

23. — 1° L. a. s. de *César de Sabran*, évêque de Glandève

(dans le diocèse d'Embrun); 9 sept. 1712, 2 p. 1/2 in-4. 2° Mémoire autographe, 4 p. in-4.

<small>Pièces des plus curieuses contenant la procédure faite contre le père Dufaget, carme, qui a des mœurs scandaleuses. Piquants détails.</small>

24. — CORRESPONDANCE DE CAYLUS, évêque d'Auxerre. 76 lettres adressées à *Caylus* par des évêques ou membres du clergé; 1718-1754, environ 150 p. in-4.

<small>Curieuse correspondance toute relative aux querelles de la Bulle *Unigenitus* et qui mériterait d'être publiée. On y rencontre des lettres du cardinal de Fleury, de Languet de Gergy, de Coislin, de l'abbé de Pomponne, etc.</small>

25. — Lettres-patentes de Louis XV et extrait des registres du Conseil d'Etat, 2 pièces, sur vélin; 9 sept. 1723, 2 p. in-fol.

<small>Ordre de supprimer l'édition du *Discours sur les libertés de l'Église gallicane* par le feu abbé Fleury, à cause des notes pleines d'une doctrine très-dangereuse pour la religion.</small>

26. — 1° 5 lettres sur la Constitution *Unigenitus*; 1731 à 1759, 7 p. in-4. Curieuses. 2° Lettre d'un convulsionnaire de Saint-Médard; Paris, 1732, 3 p. in-4.

27. — MISSIONS DE LA CHINE. *Relation de Monseigneur de Saint-Martin, évêque de Caradre, coadjuteur du vicaire apostolique de Sutchuen en Chine, sorti de prison le 10 novembre* 1785, mss. du XVIII° siècle, 26 p. 1/2 in-fol. Très-intéressant document.

28. Du Barry (J.-B., vicomte), neveu de Madame Du Barry. — Contrat de mariage du vicomte Du Barry, fils du comte Du Barry-Cerès, dit *le Roué*, et de Mlle Rose-Hélène de Tournon; château de Compiègne, 18 juillet 1773, 16 p. in-fol. Copie certifiée conforme.

<small>Le futur époux apporte en mariage le comté de Lisle-Jourdain, et Mme du Barry, « séparée de biens et d'habitation » de son mari, fait à son neveu une donation entre-vifs de 200,000 livres. Le Roi et toute la famille Royale apparaissent au contrat, ainsi que le célèbre banquier Beaujon.</small>

29. Epée (Charles-Michel, abbé de L'), fondateur de l'institution des Sourds-Muets, n. 1712, m. 1789. — 60 lettres adressées par divers à l'abbé de L'Epée, de 1776 à 1789, environ 60 p. in-4 et in-fol.

<small>Précieux dossier qui provient d'un cousin de l'abbé de L'Épée. Il est des plus importants pour l'histoire de l'institution des sourds-muets et pour la biographie de son fondateur. Parmi les signataires des lettres on remarque : le duc de Penthièvre, Caylus, évêque d'Auxerre, le prince Henri de Prusse, Necker, Champion de Cicé, Saint-Germain, Juigné, archevêque de Paris, etc.</small>

30. Généalogie d'Erasme d'Aulmay, dressée et signée par Chevillard, pièce, sur vélin, du 8 mai 1693, 2 p. in-fol.

<small>Très-belle pièce avec les armes de la famille d'Aulmay peintes en haut de la première page.</small>

31. **Genlis** (Félicité Ducrest, comtesse de), gouvernante des enfants de Philippe-Égalité, romancière, auteur de *Mémoires*. — 32 lettres autographes adressées au duc d'Orléans et à Adélaïde d'Orléans; 1791 à 1793, 51 p. in-8 et in-4, cachets. Quelques lettres ont des taches de moisissure.

    <small>Précieux dossier historique. La moitié des lettres est adressée à Philippe-Égalité; les autres ont été écrites à Adélaïde d'Orléans et au duc de Beaujolais. Un certain nombre portent de curieuses suscriptions comme celles-ci : « A Monsieur l'amiral Louis-Philippe-Joseph, en sa maison rue Saint-Honoré, à Paris. — Au citoyen Égalité, député à la Convention nationale, maison de l'Égalité. » — Mme de Genlis était brouillée avec la duchesse d'Orléans; elle expose longuement sa conduite et ses griefs; elle donne les plus intéressants détails sur l'éducation des fils de Philippe-Égalité. Puis en 1791 elle va en Angleterre avec Adélaïde d'Orléans et elle entretient une correspondance curieuse avec le duc. A son retour elle le traite de *cher ami* (dear friend), dans une lettre du 12 décembre 1792. Les dernières lettres sont datées de Tournay. Elles montrent toutes une intimité et une familiarité grandes avec le duc d'Orléans.</small>

    <small>Cette correspondance, que nous croyons *inédite*, pourrait faire l'objet d'une intéressante publication.</small>

32. **Imprimerie.** P. s., sur vélin, par *Zacharie Griveau*, imprimeur du Roi à Tours; 25 juillet 1614, 1/2 p. in-4 oblong.
    <small>Reçu de 18 livres pour l'impression d'un règlement.</small>

33. **Lecouteulx de Canteleu** (J.-Barth.), homme politique, n. 1749, m. 1818. — 1° 10 l. aut. à des membres de sa famille; 1791-95, 31 p. in-4. Intéressantes. — 2° 2 l. a. s. à la vicomtesse de Narbonne; 1813-16, 4 p. in-4. Curieuses. — 3° *Observations sur un écrit signé Haller*, pièce autographe adressée aux régents de la Banque de France, 7 p. in-fol. Intéressant document financier.

34. **Librairie.** Lettres-patentes de Louis XVI, sur vélin; Paris, 9 avril 1777, 1 p. in-fol. oblong.
    <small>Privilège accordé au s^r Sementery pour l'impression de l'*Almanach général des marchands et négociants de la France et de l'Europe*. Curieux document.</small>

35. **Marie-Antoinette**, reine de France. — 1° P. s. par *Léonard*, 1er coiffeur de la Reine; 1791, 1/2 p. in-4. — 2° Examen d'une *Vie de Marie-Antoinette* très-favorable à la ci-devant cour, avec défense de mettre en vente cet ouvrage; 2 floréal an X, 2 p. in-fol. Curieux document.

36. **Mirabeau** (le comte de), l'illustre orateur de l'Assemblée Constituante. — 7 lettres autographes à M. Marron; 1788 et 1790, 8 p. 1/2 in-8.
    <small>Intéressante correspondance littéraire et politique.</small>

37. **Monuments antiques.** *L'ancien port d'Ostie représenté*

sur les médailles, mss. du xviii⁰ siècle signé par Felibien des Avaux, 23 p. in-fol.

<small>Curieux manuscrit avec deux planches à la main représentant des médailles et la vue de l'ancien port d'Ostie.</small>

38. **Musique.** 1° P. s. par Charles Du Rus, *prêtre et clerc de chapelle de musique et oratoire du Roi*; 1603, 1 p. in-fol. — 2° L. s. de Duroc à *Paisiello*; Saint-Cloud, an XI, 2 p. in-4. Sur les chanteurs de la musique de la chapelle du 1ᵉʳ consul. — 3° L. s. par *Fétis, Reicha, Barberau, Baillot*, etc., 2 p. 1/2 in-4. Sur la position des artistes et les améliorations à y apporter. — 4° 2 pièces de 1841 sur la veuve de *Monpou*.

39. **Nodier** (Charles), célèbre écrivain. — L. s. par cinq députés du Doubs et du Jura; Paris, 10 mars 1831. 3 p. in-fol.

<small>Demande de rendre à Charles Nodier la pension de 2.400 fr. que la Restauration lui avait réduite d'un tiers.</small>

40. **Peinture.** 1° P. s. par *Nicolas Regnauld*, peintre et sculpteur du Roi, et Philippes Heland, sa femme; 11 mars 1636, 2 p. 1/2 in-fol.

<small>Accord avec un maçon pour les réparations de leur maison, sise à Suresnes.</small>

2° Transaction entre *Nicolas Regnauld* et des parents de sa femme concernant la maison de Suresnes; 17 mars 1662, 70 p. in-fol.

<small>Documents sur un peintre et sculpteur du Roi mentionné par Jal.</small>

41. — *Mémoire de portraits fait pour le service de la famille royale par Le Brun pendant l'an 1756*, pièce autographe de Le Brun, 1 p. in-4. Curieux document.

42. — 3 pièces sur *Blaise Thurlot*, peintre, de l'Académie de Saint-Luc (1715), *Raphaël Morghen* (1823) et *Gudin* (1833).

43. — Gros (le baron), célèbre peintre d'histoire. 1° 29 lettres adressées à Gros par divers, tels que *Chaptal, Gail, Le Chevalier*, etc. — 2° 16 lettres écrites à Gros pour lui conférer diverses distinctions. — 3° 4 pièces relatives à la mort de Gros et notes sur sa succession. — 4° 20 lettres de Mᵐᵉ Gros toutes relatives à la biographie de son mari.

44. **Protestantisme.** L. a. s. de Duplessis-Mornay, le pape des Huguenots, à son fils M. de La Ville Arnoul; Saumur, 30 juin 1610, 1 p. in-fol. Très-belle pièce.

45. — *Mémoire envoyé à M. Marbault, pour communiquer aux principaux ministres de l'Estat, concernant les*

moiens de pacification, minute corrigée, avec une mise au net; 16 sept. 1616, 8 p. gr. in-fol.

<small>Pièce historique relative à l'emprisonnement du prince de Condé à la Bastille (le 1er septembre), après le traité de Loudun en faveur des Protestants. Cette pièce provient des papiers de Duplessis-Mornay, qui sans doute en est le rédacteur. On y propose des moyens de conciliation, pour calmer les amis de M. le Prince et éviter la guerre civile, qui était imminente.</small>

46. — Minute d'un rapport au Roi; 1776, 13 p. in-fol.

<small>Très-curieux document sur des dénonciations faites contre les Protestants par un curé des environs de La Rochelle. Les Protestants refusent de faire baptiser leurs enfants, tiennent publiquement de mauvais propos contre la Religion, ont construit un petit temple où ils s'assemblent le dimanche, etc. — En tête de ce rapport Malesherbes a mis de sa main ce qu'il fallait écrire à l'évêque et à l'intendant. Il dit qu'il convient de détromper les protestants de l'opinion qu'on va leur permettre l'exercice public.</small>

47. — *Lettre sur les protestants de France dans laquelle on traite de leur nombre et de leur condition actuelles, des suites fâcheuses qu'elle doit avoir pour la religion et pour l'Etat*, etc.; mss. du XVIIIe siècle, 28 p. in-fol. Très-important document.

48. **Saint-Lambert** (J.-Fr. de), célèbre poëte, de l'Acad fr. — 10 l. aut., dont 4 signées, à Fontanes; Paris, Saint-Germain, Sannois, 17 p. in-4 et in-8.

<small>Intéressante correspondance littéraire, écrite à l'époque de la Révolution. Elle est fort curieuse, et nous la croyons *inédite*.</small>

49. **Vauxcelles** (Simon-Jérôme BOURLET, abbé de), littérateur, surnommé par La Harpe *le Chaulieu de la prose*, n. à Versailles, 1733, m. 1802. — 28 l. aut., dont deux signées, à Fontanes; ans VIII et IX, environ 40 p. in-4 et in-8.

<small>Correspondance pleine de détails littéraires et qui pourrait faire l'objet d'une publication.</small>

50. **Voltaire** (F.-M. AROUET de), le grand écrivain. — Recueil de lettres originales de Voltaire ou à lui adressées, un magnifique vol. in-fol., rel. dos et coins mar. r., avec plusieurs portraits de Voltaire et un superbe titre à la main, qui représente Voltaire, son tombeau à Ferney et les titres de ses principales œuvres.

<small>PRÉCIEUSE RÉUNION qui comprend dix lettres ou pièces de Voltaire, une lettre de J.-B. Rousseau, une lettre de Voisenon sur Voltaire, une lettre du comte d'Argental, des pièces sur la publication des œuvres de Voltaire, des portraits des amis de ce grand homme, des gravures curieuses, etc.</small>

51. **Voltaire** (F.-M. AROUET de). — Documents curieux relatifs à la publication par M. Panckoucke de ses œuvres et particulièrement de sa correspondance. (Voltaire venait de mourir.)

— *Christin* fils, chargé de l'inventaire de la succession

de Voltaire. 2 l. a. s. à Panckoucke; Ferney, 24 juillet et 9 septembre 1778, 4 p. in-4.

Concernant les manuscrits trouvés dans les papiers de Voltaire.

— *Decroix*, premier éditeur des œuvres de Voltaire. 8 lettres à Panckoucke, dont 5 signées et datées de Lille, de 1779 à 1785. 26 p. in-4 ou in-8.

Sur la publication des œuvres de Voltaire.

— *Florian* (M. de), oncle du fabuliste, beau-frère de Mme Denis. 1° Copie autographe d'une lettre de sa femme à Voltaire, au sujet de la réconciliation de celui-ci avec Buffon; Semur, 2 octobre 1774. — 2° 2 l. a. s. à Panckoucke, 1778, relative à la correspondance de Voltaire avec Mme du Deffant et d'autres personnes, 7 p. in-4 et in-8, cachets.

— *Gillet-Vimeux* (Mme), légataire du comte d'Argental. — Traité passé avec M. Panckoucke pour la cession moyennant 4,000 fr. de toutes les lettres originales de Voltaire au comte d'Argental; Paris, 8 août 1778, 2 p. in-4.

— *Delisle de Sales*, fécond littérateur, membre de l'Institut. L. aut. à la 3° personne, à Panckoucke, 1 p. in-4, cachet armorié.

Il le prie de lui envoyer les lettres qu'il a écrites à Voltaire. Il réunit celles que Voltaire lui a écrites « et qui ne seront pas les moins piquantes du Recueil. »

— *Ximenès* (le marquis de), poëte, ami de Voltaire. L. a. s. à M. Panckouke; Paris, 30 mai 1779, 1 p. in-4, cachet.

Lettre relative à la correspondance de Voltaire avec Mme de Sauvigni, mère de M. Bertier de Sauvigni, intendant de Paris, massacré au commencement de la Révolution. « Quant aux lettres que M. de Voltaire m'a écrites, je compte que vous m'en remettrez les originaux, quand vous les aurez fait copier. Ce sont des monuments précieux dont on ne peut vouloir se priver. Je vous en renverrai encore d'autres. J'en ai depuis 1743 jusqu'à la fin de sa vie. »

— *Suard*, de l'Acad. fr. Pièce signée: Paris, 18 août 1778, 1 p. in-4.

Il reconnaît avoir reçu quatre cartons de lettres originales de Voltaire à M. d'Argental, qu'il s'est chargé de faire copier, et où il retranchera ce qui ne saurait être publié.

— *Panckoucke*, éditeur de Voltaire. — Copies d'opuscules de Voltaire, en prose et en vers. — Lettres de Panckoucke à Beaumarchais relatives à la publication des œuvres de Voltaire. On y a joint une curieuse lettre en latin, adressée à Voltaire par Grég. Mayans, noble espagnol, du royaume de Valence; Oliva, 16 mars 1762, 4 p. in-fol. En marge, est cette note aut. de Voltaire : « Lettre qui prouve que l'Héraclius de Caldéron fut fait 20 ans avant celui de Corneille. » — En tout, 74 p. in-12 et in-fol.

52. — **Wagnière** (J.-L.), son dernier secrétaire et son historien. 1° 3 l. a. s. de *Wagnière* à M. Panckoucke; Ferney, 1778, 8 p. in-4.
<small>Relatives à la publication des œuvres de Voltaire qui vient de mourir.</small>

2° Deux billets, l'un signé de Panckoucke et l'autre de Wagnière, 1778 et 1781. — 3° Extraits de lettres de Voltaire à Wagnière, copiés et signés par Wagnière; 5 p. 1/2 in-4. — 4° Copie par Wagnière de deux lettres de Voltaire au cardinal Passionei et à Mme Suard. — 5° Note singulière adressée de Ferney à Panckoucke qui prouve quels risques on courait à être éditeur de Voltaire.
<small>Dossier intéressant.</small>

53. **Voyages.** Copie d'un mémoire de Boissieu La Martinière, botaniste du Roi, daté de Macao, 7 janv. 1787, 5 p. 1/2 in-fol.
<small>Détails fort curieux sur son voyage.</small>

PIÈCES SUR LES PROVINCES

54. **Artois.** Saint-Omer. Rouleau, sur parchemin, de 1366, d'une mesure de 2 mètres.
<small>Ce sont les comptes pour les réparations d'un moulin à eau dépendant du vivier d'Esprelecque (Eperlecques), brûlé par les Anglais, pour les travaux de curage du vivier et pour la restauration du pont sur la rivière dudit vivier.</small>

55. **Aunis.** Lettres-patentes de Louis XV; Versailles, mai 1772, 4 p. 1/2 in-4.
<small>Confirmation d'un contrat d'échange entre M. Trudaine et les *prêtres de l'Oratoire de La Rochelle*.</small>

56. **Auvergne et Forez.** Monstre et revüe passée près Saint-Seigne-sur-Vingennes, d'une compagnie de 30 hommes et 45 archers formant 50 lances, commandée par Jehan de Montrond d'Apchon, capitaine, chevalier de l'Ordre, le 23 août 1569; pièce, sur vélin, 8 p. in-4, cachet.
<small>On y trouve les noms suivants: Charles de Cheverolles, Jacques d'Apchon, Ant. de Gironde, P. de la Vieux, Marc de la Roche, Jeh. Chassent, Ph. de la Porte, etc.</small>

57. — 2 pièces, sur vélin; 1680 et 1774, 2 p. in-4.
<small>Acte de Pierre de Serres, avocat en la sénéchaussée d'Auvergne; foi et hommage rendus au comte d'Artois pour la baronnie de Naucaze, près Aurillac.</small>

58. **Auxerrois.** 4 chartes du XIIIe siècle, en latin. — 1° Eudes des Barres, Elois sa femme, et Pierre leur fils abandon-

nent aux moines de Preuilly la moitié du Bois-le-Comte ; 1202. — 2° Les mêmes confirment la même donation, en termes différents ; 1202. — 3° Eudes des Barres, chevalier, pour le repos de son âme, accorde aux moines de Preuilly le droit de pâture dans toutes ses terres ; mai 1220. — 4° Pierre des Barres, chevalier, seigneur de Chaumont, atteste que Colin, gendre de Constant Rouce, de Villeneuve-la-Guiarde, a échangé avec les moines de Preuilly une pièce de terre sise en la vallée d'*Escorche-cu*, pour un arpent et demi de terre près Bois-le-Comte ; mars 1258.

59. **Béarn.** P. s. par *Louis XIII* ; Paris, 11 fév. 1621, 1 p. 1/2 in-fol.

Inventaire des tapisseries et autres meubles du château de Pau qui ont servi pour la cérémonie qui a eu lieu dans l'église de cette ville le 20 octobre 1620.

60. — P. s., sur vélin, par *Louis XIII* ; camp devant Clerac, 31 juill. 1621, 1 p. in-fol. oblong.

Don de 2,000 livres à l'évêque d'Oleron.

61. **Bourbonnais.** Pièce, sur vélin, en latin ; 1281, 1 p. in-4 oblong.

Armand de Banassat, damoiseau, reconnaît devoir à P. Richard, chapelain de l'église Saint-Georges de Saint-Pourçain, une rente de 70 livres tournois assise sur sa maison du « *Puy Aguior* », son étang, ses moulins, etc., en présence d'Étienne Jocain, clerc, et de Hugues Goyrs.

62. — Pièce, sur vélin ; 8 juillet 1454, 1 p. in-fol.

Curieux document concernant un procès entre le curé de Brosse et l'abbé et le couvent de Saint-Gilbert, ordre de Prémontré, à l'occasion des dîmes. Détails topographiques très-intéressants.

63. **Bresse.** P. s. par plusieurs ecclésiastiques ; Bourg, 1630, 17 p. in-4.

Ce sont les procès-verbaux originaux de l'assemblée du clergé de Bresse tenue les 8, 9 et 10 février 1630.

64. **Bretagne.** Monstre et reveüe, faite près du château de Fretay en Bretagne, d'une compagnie de soixante-quatre cavaliers armés à la légère, commandée par le capitaine Ch. de Vaucelles, sieur de la Varenne, sous les ordres du Prince de Dombes, pièce, sur vélin ; 5 janvier 1590, 1 p. in-fol.

65. — P. s. par *Henri de La Motte*, évêque de Rennes ; 4 oct. 1653, 7 p. in-fol.

Achat d'une maison sise à Paris, rue Traversante, paroisse Saint-Roch, où était anciennement le marché aux chevaux.

66. — L. s. par les députés de Bretagne à l'Assemblée nationale, entre autres *Lanjuinais, Defermon, Expilly, Kervelo-*

gan, etc., aux administrateurs de la loterie royale de France; Paris, 5 juillet 1790, 3 p. in-fol. Intéressante pièce.

67. — Saint-Malo. Lettres, sur vélin, du chapitre de Saint-Malo; 12 mars 1413, 1 p. in-fol. oblong.
<small>Belle et curieuse pièce fixant une rente à payer à Pierre Tournemine et à Tiphaine Duglesquin (Duguesclin), sa femme.</small>

68. **Brie.** 1° Charte de Philippe, duc d'Orléans; Paris, 27 avril 1372, 1 p. in-fol. oblong.
<small>Il fait savoir que *Jean Des Mares* lui a fait hommage à cause de sa maison appelée la Chaucée, en Brie, située dans la châtellenie de Coulommiers. (Jean Des Mares était conseiller au parlement de Paris : Bourquelot a publié sur lui un curieux travail.)</small>

2° Charte de Venceslas de Bohême, duc de Brabant; Paris, 4 mai 1383, 1 p. in-fol. oblong.
<small>Pierre Des Mares, fils du précédent, rend hommage pour le même fief de la Chaucée.</small>

69. — Pièce, sur vélin; 8 janv. 1471, 1 p. in-fol. oblong.
<small>Vente faite par Jacques Meret, prieur du prieuré de Saint-Denis de Tournant.</small>

70. — 2 l. s. par le général Rampon et par Carnot au sous-préfet de Provins et au président de la Société d'agriculture de cette ville; mai et juin 1815, 3 p. 1/2 in-4 et in-fol. Curieuses.

71. — Abbaye de Jarcy. Registres des inhumations faites dans l'abbaye de Jarcy de 1759 à 1768, et des prises d'habit et professions de 1747 à 1768, pièces originales signées des religieuses, 40 p. in-4.

72. **Champagne.** Pièce, sur vélin; août 1302, 1 p. in-fol. oblong, cachet.
<small>Charte par laquelle Edouard, *Cuens de Bar*, rachète de l'abbé et couvent de Saint-Symphorien, sous le scel d'Ancel de Joinville, sénéchal de Champagne, diverses terres, près Blignecourt, qu'il leur avait précédemment vendues.</small>

73. — P. s., sur vélin, par *Louis de Bourbon, duc de Montpensier*; Champigny-sur-Vesle, 13 déc. 1559, 1 p. in-4.
<small>Procuration pour vendre les villages de Lâge-Fouret, Beaulieu, Le Vignau.</small>

74. — Monstre et reveüe, passée au château d'Omont, d'une compagnie de 98 hommes de guerre à pied, commandée par le capitaine Pierre de Boys, s^r de Scordal, le 31 déc. 1589, pièce, sur vélin, 1 p. in-fol.

75. — Chateau-Thierry. 5 chartes, sur vélin; 1363-1377, 5 p. in-fol. oblong.
<small>Intéressantes pièces dont deux concernant la confrérie de la Conception Notre-Dame de l'église Saint-Crespin de Château-Thierry.</small>

76. — PROVINS. Pièce, sur vélin ; novembre 1427. 1 p. in-fol. oblong.

<small>Don par Marie, veuve de Jacques Hanap, demeurant à Provins, aux doyen et chapitre de l'église de Notre-Dame du Val de Provins, une maison et un jardin sis dans ladite ville, à charge par les chapelains de dire chaque année deux messes pour les âmes de ladite Marie et de ses parents, amis et bienfaiteurs.</small>

77. — REIMS. Charte, en latin, sur vélin ; Reims, mai 1312. 1 p. double in-fol.

<small>Superbe et très-intéressante pièce. C'est la vente par les chapelains de l'église de Reims d'une maison située dans cette ville. Curieux détails.</small>

78. — REIMS. P. s. par le marquis de Rothelin, gouverneur de Reims ; Reims, 10 sept. 1641. 1 p. 1/2 in-fol., cachet.

<small>Défense aux Rémois de continuer à faire des insultes aux Pères Jésuites de la ville de Reims.</small>

79. — SEDAN. P. a. s. de *Jacques Cappel*, sig. aussi par *Robert d'Ully* et *Eusèbe Gantois*, ministres de l'Eglise réformée de Sedan ; Sedan, 19 juillet 1614. 1 p. in-fol.

<small>Certificat constatant que M. Hottes a résidé deux ans au milieu d'eux à Sedan et qu'il a donné les plus grandes preuves de piété et de modestie.</small>

80. — TROYES. P. s., sur vélin, par *Louis XIII* ; Saint-Germain-en-Laye, 6 mars 1637. 1 p. in-fol. oblong.

<small>Constitution d'une rente de 1.200 livres en faveur des douze chanoines de l'église de Troyes.</small>

81. — TROYES. 2 l. a. s. de Denis-François II Bouthillier de Chavigni, évêque de Troyes ; Troyes, 12 et 26 mars 1709. 7 p. pet. in-4.

<small>Intéressantes lettres sur l'hôpital de Troyes.</small>

82. — ABBAYE DE MONTIERENDER. Copie faite au XVIIIe siècle par Dom Nettine d'un cartulaire contenant les titres de l'abbaye de Montierender, 53 p. in-fol.

83. — Dauphiné. *Mémorial du couvent des Pères Recollects dans la ville de Valence en Dauphiné*, p. s. par frère Victorin de Romans ; 1629, 6 p. 1/4 in-fol.

<small>Document fort curieux relatant toutes les discussions des religieux avec l'évêque de Valence.</small>

84. — P. s. par *Jacques Colas*, vice-sénéchal de Montélimar, fameux ligueur, m. en 1600 ; 4 août 1584, 1 p. in-fol.

<small>Réponse à une supplique à lui adressée comme sénéchal de Montélimar.</small>

85. — L. s. du prince de Conti aux consuls et habitants de Valence ; Paris, 24 juin 1620, 1/2 p. in-fol., cachet.

<small>Relative au rétablissement de l'hospice des Pères Recollects à Valence.</small>

86. — P. s. par *Philis de La Tour du Pin de La Charce*, célèbre héroïne, née à Nyons, en 1645, morte en 1703 ; 21 sept. 1700, 1 p. 1/2 in-4. *Rare*.

87. — L. a. s. de Berger de Malissoles, évêque de Gap; Gap, 22 juill. 1714, 2 p. 1/2 in-4.

Relative à la nécessité d'établir une église à La Charce pour les nouveaux convertis.

88. — 4 l. a. s. de *Dubois Fontanelle, Chabroud, Saint-Priest* et *Français de Nantes*, personnages nés en Dauphiné.

89. — Notes autographes de BARNAVE, avec ratures et corrections, 29 p. in-4.

Matériaux pour une *Histoire de la Révolution, des États-Généraux au 10 août*, que Barnave se proposait d'écrire. RECUEIL PRÉCIEUX de notes sur les Assemblées provinciales, les Parlements, les États-Généraux, l'ancien gouvernement de la France, l'aristocratie, la démocratie, etc. Voici une de ces notes : « La nation, ils l'ont mise aux prises avec tous les dangers; elle les a surmontés comme Hercule. Ils ont tout fait pour l'avilir, elle a surpassé leurs efforts par son courage. Francho, elle a dû être trompée par des hypocrites. »

90. **Flandre.** L. s. d'Aimé Deyheugnies, maire de Condé, au préfet du Nord; (1815), 11 p. 1/2 in-fol.

Très-curieuse lettre dans laquelle il raconte les événements qui se sont passés à Condé lors du retour de Napoléon de l'île d'Elbe.

91. — VALENCIENNES. L. s. par les patriotes de Valenciennes au général Bonaparte; Valenciennes, 9 thermidor an V, 8 p. in-fol.

Curieuse adresse dans laquelle ils le félicitent de ses victoires en Italie et de son amour pour la liberté. Les signatures tiennent trois pages.

92. **Franche-Comté.** Pièce, sur vélin, 1 p. in-fol. oblong.

Vidimus de lettres de l'official de Besançon de 1354 relatives à une vente.

93. **Guyenne.** 23 chartes en langue d'oc du XIV° siècle concernant la famille AYQUEM, à laquelle appartenait MONTAIGNE, 23 p. in-4 et in-fol. Précieux dossier.

94. — 18 chartes en langue d'oc, du XIV° siècle, concernant des bourgeois de Saint-Macaire et autres localités de la Guyenne, 18 p. in-fol. Intéressant dossier.

95. — P. a. s. de *Maribon-Montaut*, député du Gers à la Convention, 9 p. 1/2 in-fol.

Important document dans lequel il réfute les calomnies répandues contre lui.

96. — BORDEAUX. P. s., sur vélin, par Louis XIII; Paris, 13 nov. 1618, 1 p. double in-fol. oblong.

Important document. C'est une ordonnance sur diverses impositions à établir dans la province de Bordeaux.

97. **Ile-de-France.** *C'est le contereroulle de l'acquit des denrées et autres marchandises montans et avallans par dessoubz le pont de Meullent*, mss. original, de 1453, 11 p. 1/2 in-fol. Très-curieux document.

— 14 —

98. — P. s., sur vélin, par s' Madeleine de St-Dominique, supérieure du *couvent de Sainte-Ursule de Saint-Cloud*; 1729, 1 p. in-8 oblong.

99. — ARMAINVILLIERS. *Inventaire des meubles du château d'Armainvilliers arrêté le 12 septembre 1783*, pièce originale, 26 p. in-fol.

100. — TERRES DE CHILLY, LONGJUMEAU ET MASSY. P. s. par le duc et la duchesse de Mazarin, le duc et la duchesse de Lauraguais, etc.; Paris, 4 mai 1783, 3 p. in-fol.
    Très-curieux document. C'est une convention faite entre le duc de Mazarin et les représentants de la marquise de Nesle pour opérer la vente des terres de Chilly, Longjumeau et Massy.

101. — CORBEIL. Charte, sur vélin; août 1287, 1 p. in-4 oblong.
    Charte par laquelle Guillaume des Barres, chevalier, seigneur de Vil-ppant, et Isabel, sa compagne, confirment le don du *cens et du rouage* de Corbeil fait par monseigneur Jehan de Troussel à la « *communauté de l'église nostre dame dudit Courbeil*. »

102. — ÉCOUEN. Deux plans dessinés et signés par l'architecte Peyre neveu, 2 p. in-fol.
    Coupe et élévation de la chapelle de la maison impériale d'Écouen.

103. — MEAUX. Pièce, sur vélin, en latin; avril 1299, 1 p. in-4 oblong.
    Accord, par-devant l'official de Meaux, entre les frères des maisons de l'ordre du Temple en France et Jean de Charny, chevalier.

104. — MEUDON (château de). 2 l. s., par le ministre Ramel, du 8 vendémiaire an V et du 2 floréal an VII, 5 p. in-4.
    Sur les réparations à faire à la partie du petit château de Meudon qui a été affectée aux établissements aérostatiques. Curieux détails.

105. — MONTLHÉRY. Pièce, sur vélin; 9 juin 1369, 1 p. in-fol.
    Contrat de vente passé devant le prévôt de Montlhéry.

106. — SAINT-DENIS. *Journal historique de l'extraction des cercueils trouvés dans l'église de Saint-Denis*, du 21 vendémiaire au 4 brumaire an II (12 au 25 octobre 1793), copie du temps, 16 p. in-fol.
    Procès-verbal de l'extraction des cercueils Royaux des caveaux de Saint-Denis.

107. — VELIZY. Charte, sur vélin; 17 nov. 1385, 1 p. gr. in-fol.
    Magnifique pièce. Par-devant le prévôt de Paris Denisot Homo et Jaquet Jondoin, chapeliers de Paris, déclarent tenir à bail des doyen et chapitre de l'église de Paris la maison et manoir de Velizy.

108. Languedoc. 11 l. s. de l'intendant du Languedoc Lamoignon de Basville à l'évêque d'Alet; 1704-8, 25 p. in-4.

Relatives aux affaires du Languedoc.

109. — L. a. s. du général *Dugua* à Goupilleau de Fontenay; Carcassonne, an III, 1 p. 1/2 in-fol., vig. et tête impr.

Il annonce que les prêtres abusent, à Carcassonne et dans tout le département de l'Aude, de la loi qui protège la liberté des cultes pour paraître publiquement en costume clérical, ouvrir les anciennes églises et y officier pontificalement. Curieux détails sur une rixe entre des militaires et des fidèles.

110. **Lorraine**. Pièce, sur vélin, du XVe siècle, 1 p. gr. in-fol.

Rôle des redevances dues à l'abbé du monastère de Saint-Symphorien-lès-Metz, en sa qualité de seigneur de Plappeville.

111. — P. s., sur vélin, par *Antoine, duc de Lorraine*; Nancy, 30 janv. 1526, 1 p. in-fol. oblong. Légères déchirures.

Curieux document. Impôt à prélever pour les fortifications de Nancy.

112. — Pièce, sur vélin, du 2 fév. 1580, 1 p. gr. in-fol.

Compte de la dépense faite à Paris le 2 février 1580 par Claude de France, duchesse de Lorraine, fille du roi Henri II. Curieux document.

113. — *Pétition à la Convention nationale pour le citoyen Darmaillé*, pièce du XVIIIe siècle, 24 p. 1/2 in-fol.

Très-curieux document. Le citoyen Darmaillé expose que le duc de Lorraine a pris à son père la terre d'Harroue pour la donner à sa maîtresse. Piquants détails.

114. — THIONVILLE. L. a. s. et note autographe du conventionnel *Bar*; an VIII, 1 p. 1/2 in-4.

Indication des citoyens propres à être juges à Thionville.

115. **Maine**. P. s., sur vélin, par *Louis XIII*; Plessis-lès-Tours, 31 juill. 1619, 1 p. in-fol. oblong.

Don de 12,000 livres aux jésuites de la Flèche pour réparations faites à leur église.

116. **Normandie**. 8 chartes, sur vélin; 1373 à 1426, 8 p. in-4 oblong.

Actes passés par-devant les gardes du scel des obligations des vicomtés de Caen, de Coutances et d'Argentan.

117. — Charte, sur vélin; 17 fév. 1419, 1 p. in-8.

Noms des gens de la paroisse de *Sideville*.

118. — 4 pièces, sur vélin; Rouen, 1446-1447, 4 p. in-fol. oblong, cachets brisés.

Ordres de paiement au receveur des aides en l'élection de GISORS.

119. — CONCHES. 7 pièces, sur vélin; 1426-27, 7 p. in-fol. oblong.

Ordres de paiement au nom du vicomte de Conches. Intéressant dossier.

120. — DIEPPE. 3 l. s. par les administrateurs du district de Dieppe; ans II et III, 6 p. in-fol., vig., tête impr. et cachet. Intéressantes.

121. — EVREUX. Pièce, sur vélin; 22 nov. 1426, 1 p. in-4 oblong.

Jean Lenfant, procureur du Roi au bailliage d'Evreux, reçoit 12 livres tournois pour ses gages.

122. — ROUEN. 4 chartes, sur vélin, dont une en latin; 1295 à 1493, 4 p. in-fol. et in-4.
Intéressantes pièces sur le couvent de Sainte-Marie-Madeleine de Rouen.

123. — SEEZ. L. a. s. de *Jacques Camus*, évêque de Seez, de 1614 à 1650, adressée à M. de Bellièvre; Fleury, 14 juillet (1650), 1 p. in-4, cachets.
Lettre de condoléances sur la mort du père de M. de Bellièvre.

124. Orléanais. 3 p. s., sur vélin, par *Louis XIII*; 1615-1620, 3 p. in-fol. oblong.
Donations aux religieux augustins et aux jésuites de la ville d'Orléans. Intéressants documents.

125. — 12 lettres à Palloy; 1792-93, environ 20 p. in-4 et in-fol.
Lettres des municipalités d'Orléans, de Beaugency, de Montargis et de Gien, sur les pierres de la Bastille envoyées par Palloy. Curieux dossier.

126. BLOIS. Charte, sur vélin; (1339), 1 p. gr. in-fol.
Important document par lequel Gui de Châtillon, comte de Blois, règle sa succession entre ses fils Louis (qui lui succéda) et Charles (duc de Bretagne).

127. — BLOIS. P. s., sur vélin, par *Louis XIII*; Paris, 24 fév. 1618, 1 p. in-fol. oblong.
Don de 5,000 livres à la ville de Blois pour les réparations nécessaires à ses murailles.

128. — CHATILLON-SUR-LOING. Monstre et revue passée dans la basse-cour du château de Châtillon-sur-Loing, d'une compagnie de 30 hommes de guerre à pied, commandée par Bertrand Regnauld, sr de la Regnauldière, le 26 septembre 1594, pièce sur vélin, 1 p. in-fol.

129. Picardie. Monstre et revue faite à St-Seigne-sur-Vigenne d'une compagnie de 22 hommes d'armes et de 42 archers formant 50 lances, commandée par M. d'Humières, chevalier de l'ordre, le 22 avril 1569, pièce sur vélin, 4 p. in-4.
Entre autres noms, citons : Ant. de Varissel, Gabios de Balsac, Ant. de Miramont, Léonard de Broye, etc., etc.

130. Poitou. P. s., sur vélin, par *Louis XIII*; camp devant La Rochelle, 30 juin 1628, 1 p. in-fol. oblong.
Don de 2,000 livres aux Pères Jésuites du collège de Poitiers pour leur aider à bâtir leur collège.

131. Saintonge. 4 chartes, sur vélin, en latin; 1304-1370, 4 p. in-4. Belles pièces.
Actes passés devant l'archidiacre de Saintes.

132. Savoie. P. a. s. du conventionnel *Dumas*, 1 p. in-8.
C'est l'état des services de Jacques-Marie Dumas, né à Chambéry le 9 avril 1762.

133. **Soissonnais**. Charte, sur vélin; 1359, 1 p. in-4 oblong.
Don de terres aux abbé et couvent de l'église Saint-Yvel de Brainne.

134. **Touraine**. P. s., sur vélin, par *Louis XIII*; Plessis-lès-Tours, 16 août 1619, 1 p. in-fol. oblong.
Don de 1,200 livres aux administrateurs de l'hôpital de Tours.

135. **Vendée**. P. s. par *le comte de Marsange* et *de La Ville de Baugé*; Fontenay-le-Comte, 27 mai 1793, an I du règne de Louis XVII, 1 p. in-4.
Curieux document. Passeport délivré par les commandants de l'armée catholique et royale à un prisonnier qui a promis de ne jamais reprendre les armes contre son roi et la religion catholique.

136. **Vermandois**. 2 pièces, sur vélin; 1640 et 1752, 10 p. in-4.
Accord entre le baron de Honnecourt et le duc de Saint-Simon sur les terres de Thorigny et Pontruel; défense au curé de la paroisse de Saint-Quentin de couper du bois.

PIÈCES SUR PARIS

137. Pièce, sur vélin; 25 fév. 1445, 1 p. double in-fol.
Vente faite par les maître, procureur et chapelain du collége de Dormans, dit de Beauvais, d'une maison sise à Paris, rue de Jouy, et appartenant audit collége.

138. 15 lettres, sur vélin, en latin, des doyens et recteurs de l'Université de Paris, toutes du XVIe siècle, 15 p. in-4 et in-fol., cachets. Important dossier.

139. *Les carrosses dans Paris au XVIIe siècle*. Lettres-patentes, sur vélin, de Louis XIV, contresig. par De Loménie; Paris, 8 janv. 1661, 1 p. in-fol. oblong.
Très-curieux document. Révocation du privilége accordé au sieur Picquet de Sautour pour établir dans Paris des calèches, carrioles ou petits carrosses à deux roues tirés par un seul cheval.

140. Lettre des six corps des marchands de Paris à Louis XVI, 1 p. in-fol.
Supplique revêtue de douze signatures. Ayant eu le malheur de s'attirer l'animadversion du Roi, ils demandent pour dernière grâce la faveur de démontrer que leur existence tient essentiellement au bien de l'État.

141. P. s. par *Bailly*; Paris, 15 déc. 1790, 2 p. in-fol.
État des domaines nationaux situés dans l'intérieur de Paris. Curieuse pièce avec cette mention : « MM. les architectes sont priés de suspendre quant à présent l'estimation des biens des maisons religieuses hospitalières et de tous autres établissements destinés aux soulagements des pauvres et à l'éducation publique. »

142. *Démolition de la Bastille*. 20 pièces de 1789 à l'an II, manuscrites et imprimées.
Curieux dossier : lettre de Palloy à Louis XVI, documents sur l'emprisonnement de Palloy et sur la reddition de ses comptes, etc.

143. *Garde nationale.* 11 pièces.

Délibération du district des Minimes (imprimée), du 20 août 1789, et lettre signée d'Henriot (août 1789) sur les prétentions des gardes nationaux à porter l'épaulette et à jouir du rang d'officier ; — Arrêté de la Commune de Paris, du 7 février 1793, portant qu'on ne donnera aux officiers d'autre titre que l'extrait du procès-verbal de leur nomination ; — Deux pièces du 8 octobre 1789 sur les obligations imposées aux gardes nationaux pour le service ; — Six pièces sur le remplacement pour le service, la réorganisation de la garde nationale après les journées de prairial an III, etc.

144. *Dames et Forts de la Halle.* 4 pièces.

1° Délibération des représentants de la Commune de Paris ; 23 juin 1790, 1 p. in-fol.

Il sera remboursé par le département du Domaine la somme de 24 livres payée par M. Lecocq, aide-major de la garde de l'Hôtel-de-Ville, « pour les bouquets présentés au président de l'assemblée (des représentants de la Commune), tant par les poissardes à l'occasion du feu de la Saint-Jean, que par les bedeaux de la paroisse Saint-Jean, au sujet du pain bénit qui doit être présenté demain. »

2° Discours aut. de BAILLY, maire de Paris, aux Forts de la Halle ; (1790), 3/4 de p. in-8.

Il les félicite d'avoir concouru plus d'une fois au rétablissement de l'ordre. « C'est pour y concourir toujours que vous vous êtes réunis à un de nos bataillons. Ce patriotisme reconnu a porté la municipalité à vous faire distribuer des armes.... Elle reçoit le dépôt de votre drapeau comme une preuve de votre fidélité accoutumée, et comme un gage de votre dévouement et de vos services futurs. »

3° 2 pièces relatives au placement dans la Halle-au-Blé de Paris, d'une pierre de la Bastille offerte aux Forts de la Halle par Palloy ; 2 et 3 mars 1792, 2 p. in-fol.

145. *Processions de la Fête-Dieu.* 5 pièces de 1790 et 1792, 11 p. in-fol et in-4.

Procès-verbaux de la procession de la Fête-Dieu et délibérations relatives au même sujet. Très-curieux documents.

146. *Couvent des religieuses de la rue Sainte-Avoie.* Inventaire de ce couvent, dressé le 20 août 1792, copie certifiée conforme, 11 p. 1/2 in-fol.

Très-curieuse pièce écrite sur un papier à en-tête de la section de la rue Beaubourg.

147. *Bibliothèques.* 4 pièces ; 1791 à 1806, 4 p. in-4.

Arrêté portant qu'on n'établira pas d'atelier d'armes ou de salpêtre dans les bâtiments où il y a des bibliothèques ; lettres d'Ameilhon sur le déménagement de la bibliothèque des Feuillants, etc.

148. *Extraction des cercueils de plomb des églises de Saint-Eustache, Saint-Roch et des Jacobins.* Procès-verbaux originaux des commissaires chargés de cette opération ; brumaire, germinal et pluviôse an II, 16 p. in-4 et in-fol. Très-curieux documents.

149. *Les Rentiers dans le jardin des Tuileries.* Rapport de police au Comité de Salut public, sig. G. (*Guérin*,

agent particulier de Robespierre); 28 prairial an II, 1 p. in-fol.

<blockquote>Il dénonce le ci-devant baron de Monce, qui tient une maison de jeu, et l'a laissée ouverte le jour de la fête de l'Être-Suprême, pendant que toutes les autres étaient fermées. Il signale ensuite un groupe de rentiers qui se rassemblent matin et soir dans le jardin des Tuileries, du côté des aristocrates.</blockquote>

150. 6 pièces, sur vélin ; 1535 à 1704, 6 p. in-4.

<blockquote>Lettres des prévôt et échevins de Paris ; quittances du maître de l'arsenal de Paris et du lieutenant du château de la Bastille ; quittance du jardinier du Roi aux Tuileries en 1704.</blockquote>

151. 10 pièces de 1744 à l'an XII.

<blockquote>Curieux dossier. Lettres de Maurepas sur des désordres arrivés à l'Opéra-Comique en 1744 ; Mémoire autographe du minéralogiste Sage sur le jardin du Roi ; lettre des maire et officiers municipaux de la commune de Passy ; lettre des *veuves de la Bastille* ; etc.</blockquote>

152. 30 pièces de l'époque de la Révolution et de l'Empire provenant des papiers de l'architecte Rondelet.

<blockquote>Curieux dossier entièrement relatif à des édifices de Paris et à des estimations de biens nationaux.</blockquote>

DOCUMENTS SUR LA RÉVOLUTION FRANÇAISE

153. ASSIGNATS. 6 pièces.

<blockquote>Arrêté du Conseil du département de Paris, aut. sig. de Sieyes, 18 mai 1791, 1 p. in-fol., désignant dans chaque section un lieu où pourront se réunir ceux qui voudront *faire le commerce de l'argent*. — Délibération de la section de l'Observatoire, du 26 mai 1791, 4 p. in-fol., constatant les *échanges des assignats contre de l'argent*. Parmi les citoyens qui se présentent on remarque les prieurs de l'Oratoire et des Chartreux, la famille Cassini, l'astronome Jeaurat, etc. — Let. du directoire du département de Paris, sig. *La Chevardière, Maillard*, etc., du 16 fév. 1793, 2 p. in-4, relative à l'*émission de coupures de 25 et 50 sous pour faciliter les transactions journalières*.</blockquote>

154. ARRESTATION DE LOUIS XVI A VARENNES. 5 pièces.

<blockquote>Lettre de Desmottes à l'adjudant-général Dumas, du 24 juin 1791, demandant l'heure et le jour de l'arrivée du Roi à Paris. — Liste originale des personnes qui ont dîné à Varennes, dressée par DROUET, qui a mis au crayon sa signature et ces mots : *Arrestation du Roy, dinné de Varrene*. Important document. — Récits de l'arrestation du Roi par MM. Leblanc, Guillaume et Poussin, 8 p. in-fol. et in-4. Pièces fort curieuses.</blockquote>

155. MASSACRES DE SEPTEMBRE. 21 pièces. Précieux dossier historique : voici l'analyse des principaux documents :

1° Procès-verbal de l'assemblée permanente de la section du Finistère (Gobelins), sig. *Lequerlin* et *Rognon*, commissaires ; 2 septembre 1792 (vers deux heures de l'après-midi), 2 p. in-fol.

<blockquote>Sur le rapport fait par deux officiers municipaux que la Commune vient d'arrêter une proclamation sur l'imminence du danger de la patrie, que le canon d'alarme allait être tiré, le tocsin sonné, la générale battue, la section arrête « qu'il soit tiré au sort indistinctement, même les fonctionnaires publics, pour aller au-devant de l'ennemi, au nombre de 100,000 hommes pris dans la ville de Paris ; que les petites barrières, à l'entrée de Paris, soient murées à l'instant,</blockquote>

2° L. a. s. de *Langlois*, directeur du théâtre du Marais, et citoyen de la section des Droits-de-l'Homme, au président de cette section ; 2 septembre, 1 p. 1/2 in-fol.

Son établissement, situé tout près de l'hôtel de la Force, a été « plus d'une fois menacé par l'évasion tentée des prisonniers. » Il offre, pour les défenseurs de la patrie, dix-huit sabres qui servent à sa troupe, et prie la section d'établir un poste derrière la Force. « Je fais l'offre du vestibule de ma salle, très-propre à servir de corps-de-garde. »

3° Arrêté de la section des Quatre-Nations, sig. *Motelet*, vice-président par intérim, et *Saucède*, secrétaire ; 2 septembre (dans la soirée), 1 p. in-4.

Le comité de la section nomme quatre citoyens (dont les noms sont indiqués), « à l'effet de se transporter aux prisons de l'Abbaye, et les autorise à se faire représenter les registres qui sont entre les mains du concierge, pour reconnaître les prisonniers qui ne sont pas détenus pour des causes relatives à la Révolution. »

(Le tribunal sommaire de Maillard était installé dans la prison, et l'horrible tuerie était commencée. La section voulait du moins sauver les détenus pour faits étrangers à la politique ; elle y réussit. — Cette pièce porte une large barbe de sang. On n'en sera point surpris quand on saura que les commissaires qui en étaient porteurs rendirent ou permanence dans une salle de la prison pendant les massacres.)

4° Bon fait au comité de la section des Quatre-Nations, sig. *Leroux* et *Dorat-Cubières* (le poète, secrétaire de la Commune), commissaire, et *Joly* (officier municipal), secrétaire ; 2 septembre (dans la nuit), 1 p. in-8 oblong.

Le citoyen Lhuillier, marchand de vin, cour de l'Abbaye, déclare qu'il vient de fournir quatre brocs de vin, de douze pintes chacun, avec trois pains de quatre livres : « Le présent lui tiendra acte de sa déclaration. »

(Ce vin et ce pain étaient-ils pour le comité de la section ou pour les tueurs de l'Abbaye ? Cette dernière conjecture est évidemment la plus vraisemblable.)

5° Note aut. de l'*abbé Sicard* ; 1792, 1 p. in-12, timbre de la section des Quatre-Nations.

Il déclare avoir remis en dépôt, le 2 septembre, à M. Fossier, commissaire, une montre en or, dont il donne la description.

(Cette montre est celle qu'il remit, à l'Abbaye, à l'un des commissaires des Quatre-Nations, au moment où il s'attendait à être massacré.)

6° L. s. de *Lebrun*, ministre des affaires étrangères, à Manuel, procureur de la Commune ; 2 septembre (dans la soirée), 1/2 p. in-fol.

Il lui adresse un billet de l'ambassadrice de Suède (Mᵐᵉ de Staël), qui demande que son départ soit protégé. « Je vous prie, citoyen, de faire ce qui sera en vous pour lui donner satisfaction. »

7° L. a s. de *Pétion* à Santerre ; 3 septembre, 1/2 p. in-4.

Il lui envoie une lettre qu'il reçoit à l'instant, afin qu'il prenne les mesures convenables « pour prévenir toute espèce d'excès. »

8° Arrêté de la Commune, sig. *Tallien* ; 4 septembre, 1 p. in-fol.

Les prisonniers détenus dans l'église de Saint-Louis-la-Culture ne seront élargis que par un nouvel arrêté.

9° Let. du comité de surveillance (aux Jacobins ou à la municipalité de Versailles), sig. *Panis* et *Pierre Duplain*; 5 septembre, 1 p. in-4, cachet.

Nous trouverons toujours bon, disent les membres du Comité, ce que feront nos frères de Versailles pour s'assurer des conspirateurs qu'ils nous dénoncent; « nous les invitons à les conserver encore sous leur surveillance, nos prisons n'étant pas encore à l'abri des justes vengeances du peuple. »

10° Bon sig. de deux membres du conseil de la Commune, *Nicoud* et *Lamarck* (le célèbre botaniste), avec légalisation des signatures, aut. sig. de *Tallien*; 4 septembre, 1 p. in-4.

Le trésorier de la Commune paiera au sieur Gilbert Petit, pour trois de ses camarades et lui, employés par la section des Sans-Culottes, pendant deux jours, « à l'enlèvement des cadavres de Saint-Firmin. »

11° « Section des Quatre-Nations. Le nommé Refort. Bon pour 24 fr. Fait au comité permanent, le 5 septembre 1792; sig. *Prévost* et *Delaconté*, commissaires. » Au dos : « Reçu comptant, *Refort*. » Cachet de la section.

(Pour quel service a été payée cette somme? On pourrait croire que c'est le salaire d'un massacreur : il est plus probable que c'est la rémunération d'un individu employé à l'enlèvement des cadavres.)

12° P. s. de *Moulineuf*, membre de la Commune, avec légalisation de sa signature, sig. *Tallien*; 5 septembre, 1 p. in-4, et le vu bon à payer sig. *Guinot*.

Reçu de 9 livres pour frais de fiacre, déboursés par le citoyen Moulineuf dans la mission qu'il a remplie, le 3 et le 4, « à l'effet de procéder à l'inhumation des cadavres apportés, des différentes prisons, aux cimetières de Clamart, de Montrouge et de Vaugirard. »

13° Minute originale du procès-verbal d'une section (celle à laquelle appartenait la prison de Sainte-Pélagie), pièce sans date, mais qui est du 5 ou 6 septembre, 2 p. in-fol.

Mise en liberté de plusieurs citoyens; arrestation de quelques autres. Des détenus de Sainte-Pélagie et de Bicêtre, qui demandent à s'enrôler pour les frontières, sont mis en liberté. Nomination de quatre commissaires, *pour faire couvrir les vils cadavres déposés au cimetière de Clamart.* Trente ouvriers seront envoyés pour mettre ces cadavres dans des fosses de 40 pieds de profondeur et les recouvrir de chaux vive.

14° Adresse de la section de la Fontaine-de-Grenelle aux autres sections de Paris, sig. *Nicolas Grandmaison*, président, *Amouroux*, secrétaire; 7 septembre, 3 p. 1/2 in-4.

La section approuve les massacres qui viennent d'avoir lieu, mais maintenant que *le peuple est vengé* et que les conspirateurs qui peuvent avoir échappé vont être livrés au glaive des lois, elle pense que le devoir de tout bon citoyen est de voler aux frontières, « pour y chercher la liberté ou la mort. » — Cette curieuse pièce débute ainsi : « Le peuple, trahi, vient d'exercer une juste et terrible vengeance ; les ennemis du peuple ont tombé sous ses coups. Les repaires des crimes, les foyers impurs des conjurations n'offrent plus de victimes. Le peuple est vengé ; rien ne peut désormais le détourner de sa marche imposanté et libre vers l'ennemi. Mais, à la suite des vengeances populaires, craignons qu'il ne s'établisse un brigandage soudoyé et qu'il ne se commette des crimes dont vos ennemis profiteraient. »

15° L. a. s. de *Guyomar*, député des Côtes-du-Nord à la Convention ; 17 mai 1793, 1 p. in-8.

Il demande si les prêtres du séminaire de la Sainte-Famille, dit des 33, ont été tués aux Carmes ou à Saint-Firmin (dans les journées de septembre).

16° *Compte que rendent au peuple les citoyens administrateurs au département de police, membres du comité de surveillance et de salut public de la Commune de Paris, de la situation de la capitale au 2 septembre, ainsi que des arrestations qui ont eu lieu depuis le 10 août jusqu'au 10 octobre suivant*; mémoire inédit, très-important, 8 p. 1/2 in-fol. Une note aut. de *Peuchet*, qui y est jointe, nous apprend qu'il est d'un nommé *Tailleur*, secrétaire du comité de surveillance au 2 septembre.

Ce mémoire, écrit un mois environ après les terribles massacres, en est peut-être le récit le plus fidèle qui existe. Les causes du terrible mouvement y sont exposées avec beaucoup de soin. Voici ce qui concerne Mme de Lamballe : « Deux femmes seules périssent. l'une déjà condamnée pour avoir assassiné son amant, et l'autre, digne compagne des débauches de Marie-Antoinette, ne périt qu'après quatre heures d'interrogatoires, pendant lesquelles, toujours persistant dans les sentiments de fidélité au roi et à la reine, elle refusa absolument de proférer le mot sacré *vive la nation, la liberté et l'égalité*, obstination qui seule occasionna sa mort. » — Le mémoire se termine par le relevé authentique du nombre des prisonniers qui étaient dans chacune des prisons de Paris le 2 septembre, avec l'indication de l'espèce de prisonniers qu'elles contenaient, le chiffre, prison par prison, de ceux qui ont été mis à mort, de ceux qui ont été mis en liberté, qui se sont évadés ou qui sont restés détenus. Ce n'est pas là la partie la moins importante de cette pièce.

156. VOL DES DIAMANTS DE LA COURONNE. P. a. s. de *Sergent-Marceau*, 4 p. in-4.

Très-curieux document dans lequel Sergent-Marceau raconte comment il parvint, en septembre 1792, à retrouver les diamants de la couronne.

157. MARAT (Jean-Paul). — *Marat l'ami du peuple à Louis-Philippe-Joseph d'Orléans, prince français*, placard imprimé, *de l'imprimerie de Marat*, 1 p. in-fol. Légère déchirure en tête.

158. MŒURS. PROSTITUTION. 2 pièces.

1° Délibération de la section du Temple ; 24 avril 1793, 2 p. 1/2 in-4:

« L'assemblée générale, considérant que l'épurement des mœurs est d'une absolue nécessité dans une République, et plus particulièrement encore parmi les personnes du sexe, sur l'observation de plusieurs membres, qui attestent avoir entendu, différentes fois, dans les rues et à toutes heures du jour, de la part de certaines femmes dissolues, des propos lascifs et très-scandaleux ; désirant arrêter et corriger les malheurs incalculables de la dissolution des mœurs, occasionnée par l'immodestie et la lubricité des personnes du sexe féminin..., » nomme des commissaires pour porter le présent aux quarante-sept autres sections, avec invitation d'y adhérer.

2° Let. circul. des suppléants de l'agent national de la Commune, aux commissaires de police des quarante-huit sections; 8 thermidor an II, sig. *Charlemagne* (décapité deux jours après avec Robespierre), *Jaquotot* et *Reynaud*, 3 p. in-4.

« La vertu étant à l'ordre du jour, nous vous invitons à redoubler de surveillance pour venger les bonnes mœurs des atteintes que les malveillants ne cessent d'y porter. » Ils leur recommandent, *au nom du bien public*, de rédiger eux-mêmes les procès-verbaux contre les prostituées et de n'y omettre aucun des détails qui peuvent éclairer la justice.

159. DESTRUCTION DES TITRES FÉODAUX.

1° Lettre du bureau des archives de la Commune de Paris à l'administration des travaux publics; Paris, 9 août 1793, 1 p. in-4, vig. et tête impr.

Les citoyens archivistes demandent une voiture « pour faire le transport des titres et actes de féodalité qui doivent être livrés aux flammes demain à la place de la Révolution. »

2° Pièce du bureau des archives; Paris, 4 pluviôse an II, 1 p. in-4, vig. et tête impr.

Décharge donnée au citoyen Boiste, ci-devant procureur au Parlement de Paris, de 75 pièces de titres féodaux relatifs à la ci-devant compagnie des archers de la Cinquantaine de Montreuil-sur-Mer.

160. COMPAGNIE DES AÉROSTIERS. 2 pièces.

Lettre sig. de *Vandermonde*, du 19 vendémiaire an III, envoyant l'échantillon des 500 aunes de taffetas commandées à Lyon pour des aérostats nécessaires aux armées de la République, et lettre du conseil d'administration de la compagnie des aérostiers.

161. PAYAN (Cl.-Fr.), fameux révolutionnaire, décapité avec Robespierre. — Cahier autographe, 40 p. in-4, rel. vélin vert.

Précieux document pour l'histoire de la Révolution et pour celle de la ville de Paris, qui est resté jusqu'à ce jour *inédit*. C'est le carnet sur lequel Payan inscrivait toutes les affaires qu'il avait à traiter, comme agent national de la Commune de Paris. Il commence au mois de prairial et paraît aller jusqu'à la fin de sa carrière administrative. Il fut saisi à son domicile, avec ses papiers, lors de son arrestation. Ce document a une haute importance pour l'histoire de cette époque, la plus terrible de la révolution. On y trouve des détails curieux sur la police, les prisons, les tribunaux, les certificats de civisme, la mendicité, les comités de bienfaisance, les hôpitaux, les comités de section, les spectacles, etc.

162. D'AUBIGNI (Vilain), fameux révolutionnaire, membre de la Commune, créature de Robespierre.

1° 3 pièces relatives à l'arrestation de ce personnage en germinal an II. — 2° Cahier de notes autographes de d'Aubigni; (an III), 12 p. in-8.

Très-curieux document adressé sans doute au Comité de sûreté générale. Ce sont des anecdotes piquantes sur *Barère* et sur *Fouquier-Tinville*.

163. 20 pièces de 1789 à l'an III, avec vignettes et cachets.

Comité permanent de l'hôtel de ville de Paris; lettre à Camille Desmoulins; ordres d'arrestation, etc. Intéressant dossier.

NOBLESSE ET PAYS ÉTRANGERS

164. CLERMONT-TONNERRE. 14 lettres, dont 6 de l'archevêque de Toulouse et 2 du ministre de la guerre sous Charles X. Intéressant dossier.

165. LA TRÉMOILLE. 1° L. a. s. d'*Henri de La Trémoille* (chef protestant, n. 1599, m. 1674), au maréchal de Brézé; Thouars, 10 avril (1649), 1 p. in-4, cachets et soies. — 2° P. s. d'*Augustin-Paul*; 1684, in-8 oblong. — 3° 2 lettres de membres de cette famille.

166. MONTESQUIOU. 10 lettres signées du comte de Montesquiou, grand-chambellan de Napoléon, et deux pièces le concernant.

167. GENÈVE. P. s., en latin, par les syndics de la cité de Genève, entre autres *Aimé Consilii*; Genève, 27 mars 1498, 1 p. in-4 oblong. Belle et intéressante pièce.

168. GRÈCE. L. s. du général Roche aux membres du Comité philanthropique grec de Paris; Napoli de Romanie, 11 mai 1825, 10 p. in-fol.

Document fort curieux. C'est un rapport sur l'état de la Grèce, les mœurs de ses habitants, le caractère de ses chefs, leurs projets, etc.

PIÈCES MODERNES POUR ILLUSTRATIONS

169. ABOUT (Edmond). — Travaux publics, mss. a. s., 7 p. in-8.

170. BALZAC (Honoré de). — Billet de 5 lignes a. s.. 1/2 p. in-8.

171. BAUDELAIRE (Charles). — 2 reçus a. s. sur une même feuille; 1860, 1 p. in-8.

172. BÉRANGER (P.-J. de). — L. a. s. à Thalès Bernard; 16 fév. 1844, 4 p. pl. in-8.

Très-belle lettre de conseils. Il expose ses idées sur l'amour. L'amour, comme Bernard le rêve avec René et Werther, est un grand dégoûtant. « Revenez de cette funeste illusion et rendez plus de justice à la femme qui vous aime aujourd'hui et qui n'a que le tort de vous avoir procuré le bonheur que l'autre vous a refusé. J'ai préféré quelques femmes, mais je les ai aimées et estimées toutes; je mourrai avec ces sentiments; nous n'avons pas assez de vénération et de reconnaissance pour ce sexe... »

173. DESCHAMPS (Emile). — L. a. s. à Victor Hugo; Paris, 28 avril 1840, 1 p. in-8.

Recommandation en faveur de son ami Albert Du Boys.

174. DUMAS père (Alexandre). — L. a. s. à Frédérick-Lemaître, 1 p. in-4. Curieuse.

175. DUMAS père. 4 billets a. s. à Frédérick-Lemaître.

176. DUMAS père. Mss. aut., 14 p. in-fol. à mi-marge.
C'est le 5e acte d'un de ses drames.

177. GAUTIER (Théophile). — L. a. s.; Paris, 24 mars 1855, 1 p. pl. in-8.
Jolie lettre de recommandation en faveur de Mlle Meusnier-Fleury qui a débuté brillamment aux Français près de Mlle Rachel.

178. GOZLAN (Léon). — L. a. s. à Ladvocat; 3 p. pl. in-4.
Très-curieuse lettre. Il se plaint que son nom soit omis parmi les rédacteurs du *livre des Cent-un*. Il demande une rectification de suite ou il publiera à ce sujet une lettre dans le *Figaro*.

179. HUGO (Victor). — L. a. s. à Harel; 28 avril, 1 p. pl. in-8.
Curieuse épître. Il se plaint qu'il ne fasse pas représenter *Lucrèce Borgia* avec le nouveau tableau de l'*Auberge des Adrets*, ainsi qu'il était convenu.

180. MONSELET (Charles). — *Les duos de la vingtième année*, article aut. sig., 8 p. in-4.

181. SAINTE-BEUVE (Ch.-Aug.). — L. a. s. à M. Carlier; 24 fév. (1836), 2 p. 1/2 in-8.
Curieuse épître. « Le moment est redevenu littéraire presque autant qu'aucun autre sous la Restauration. Il se fait beaucoup de choses, des vers même comme vous voyez, et l'attention publique se remet à s'en occuper sérieusement. »

182. COLLECTION DE LETTRES AUTOGRAPHES, divisée par séries. En voici quelques-unes :

    1° Auteurs dramatiques, 30 lettres.

    2° Cardinaux, 130 lettres.

    3° Orateurs, 58 lettres.

    4° Poëtes, 11 lettres. *Souriguière-Saint-Marc, Béranger, Reboul, Jasmin, Désaugiers,* etc.

    5° Poëtes, 50 lettres.

    6° Académie française, 7 lettres. *Casimir Delavigne, Lamartine, Victor Hugo,* etc.

    7° Littérateurs, 124 lettres.

    8° Académie française, 9 lettres. *Augier, Mérimée, Guizot, Bailly* (1. aut.), *Delavigne, Laharpe, Hugo,* etc.

    9° Académie française, 58 lettres.

    10° Archevêques et évêques, 150 lettres.

    11° Artistes dramatiques, 45 lettres.

    12° Médecins, 95 lettres.

13° Familles nobles, 125 lettres.
14° Princes et princesses, 50 lettres.
15° Femmes, 120 lettres.
16° Diplomates, 90 lettres.
17° Clergé, 100 pièces.
18° Savants, 180 lettres.
19° Artistes, 50 lettres. *Bosio, Lagrenée, Horace Vernet, Chaudet.*
20° Compositeurs et chanteurs, 30 lettres. *Halévy, Adam, Berton*, etc.
21° Conventionnels, 240 pièces.
22° Souvenirs français et étrangers, 90 pièces. *Henri III et IV, Louis XIII, XIV, XVI, Napoléon Ier, Murat, Marie-Amélie*, etc.

Tous ces lots contiennent de bonnes pièces; ils pourront être vendus séparément, et c'est une véritable occasion pour les amateurs.

N° 183.

CORRESPONDANCE ORIGINALE DE BOSSUET ET DE LEIBNIZ

La correspondance que Bossuet entretint avec Leibniz pour la réunion des Protestants à l'Église romaine est célèbre. Des minutes de lettres et de mémoires de Bossuet, et des originaux des lettres de Leibniz destinés à une vente publique sont à présent entre nos mains. Huit pièces se rapportent à la première période de la correspondance (janvier 1692 à décembre 1694); parmi elles se trouve un long mémoire autographe de Bossuet sur le concile de Trente: nous donnons en fac-simile les premières lignes de ce manuscrit. Cinq lettres marquent la seconde période qui va de 1697 à 1701. Ces pièces sont, par leur étendue et leur contenu, de véritables monuments de l'histoire religieuse. Enfin vingt manuscrits de l'abbé Ledieu reproduisent une partie de la correspondance de Bossuet et de Leibniz et des mémoires de ces grands hommes.

Ce dossier est d'autant plus important qu'il permet d'étudier la manière dont Bossuet composait ses lettres et ses dissertations. On y voit la première pensée du prélat et les modifications qu'elle subit pour arriver à l'expression définitive. Le travail de Bossuet nous apparaît nettement; il semble qu'on soit admis dans l'intimité du cabinet. Il serait désirable, croyons-nous, qu'un établissement religieux ou qu'une bibliothèque publique recueillît ces précieuses reliques, dont voici l'analyse sommaire :

DISCUSSION SUR LE CONCILE DE TRENTE

1° Minute de lettre autographe de Bossuet à Mme de Brinon ; (25 juin 1693), 4 p. pl. in-4.

Il résout trois questions à lui posées par Leibniz sur le culte des images, l'erreur des Monothélites et le concile de Bâle.

2° *Sur les Monothélites*, pièce autographe, en français, de Leibniz, 1 p. 3/4 in-4.

Pièce envoyée par Leibniz à Bossuet; c'est celle dont parle l'illustre prélat dans sa lettre à Mme de Brinon.

3° Réponse de M. D. L. au discours de M. l'abbé Pirot touchant l'autorité du concile de Trente en France, mss. de Leibniz, avec le titre et quelques corrections autographes, 13 p. 1/2 in-4.

4° Deuxième réponse sur la réception et autorité du concile de Trente, mss. de Leibniz, avec des corrections autographes, 7 p. 1/2 in-4.

5° Manuscrit autographe de Bossuet, avec ratures et corrections, 30 p. pl. in-4.

Important ouvrage composé par Bossuet pour répondre aux dissertations de son illustre adversaire Leibniz. Il contient « une claire et dernière résolution des doutes que l'on propose sur le concile de Trente. » C'est sans contredit le plus précieux manuscrit de Bossuet qui ait encore passé dans les ventes.

6° 2 l. s. de Leibniz, en français, avec la souscription autographe (à Bossuet) ; Hanovre, 13 oct. 1693 et 2 juillet 1694, 7 p. 1/2 in-fol. Taches et déchirures enlevant quelques mots.

Lettres d'un grand intérêt pour l'histoire du protestantisme.

7° Fin de lettre autographe signée de Bossuet (minute) à Mme de Brinon, 4 p. in-4. La signature est biffée d'un trait de plume.

Dissertation fort curieuse sur les Églises d'Orient et d'Occident.

BOSSUET ET LEIBNIZ EN 1700

1° Minute de lettre de Bossuet avec des corrections autographes (à Leibniz) ; Meaux, 9 janvier 1700, 29 p. 1/4 in-4.

Pièce des plus importantes dans laquelle Bossuet expose « les conditions et les principes par lesquels on peut reconnoistre ce qui est de foy en le distinguant de ce qui n'en

— 28 —

est pas », et où il répond à cette observation de Leibniz qu'il y a des degrés entre les articles de foi, les uns étant plus importants que les autres.

2° **Minute de lettre de Bossuet** avec des corrections autographes (à Leibniz); Versailles, 30 janv. 1700, 25 p. 1/2 in-4.

Bossuet répond à une demande de Leibniz touchant les degrés entre les articles de foi, les uns étant plus importants que les autres. C'est la suite de la précédente lettre.

3° **L. a. de Leibniz**, en français, avec la souscription autographe (à Bossuet); Wolfenbutel, 14 mai 1700, 35 p. in-4. Jaunie.

Précieux document en réponse aux précédentes lettres qu'il a mis sous les yeux du duc Antoine Ulric. Cette pièce est d'autant plus importante qu'elle porte un grand nombre de passages soulignés ou marqués de la main même de Bossuet.

votre treshumble et trey obeissant
Serviteur

Leibniz

4° **L. a. de Leibniz**, en français, avec la souscript. aut. (à Bossuet); Wolfenbutel, 24 mai 1700, 37 p. in-4. Jaunie : déchirure à deux pages, mais n'atteignant pas le texte.

Superbe lettre faisant suite à la précédente et répondant aux lettres de Bossuet. Elle est toute relative à la question des articles de foi. Elle porte également des remarques de la main de Bossuet.

5° **Minute de lettre autographe signée de Bossuet** (à Leibniz); Versailles, 1ᵉʳ juin 1700, 4 p. in-fol. La signature a été biffée.

Intéressante lettre sur le même sujet que les précédentes. On y a joint la première minute également de Bossuet, avec des corrections de l'abbé Ledieu. 7 p. in-4.

MANUSCRITS DE L'ABBÉ LEDIEU

20 pièces autographes de l'abbé Ledieu, secrétaire de Bossuet, environ 125 p. in-fol. et in-4.

Dossier d'une haute importance pour l'histoire religieuse au XVIIᵉ siècle et pour la biographie de Bossuet. Il contient de nombreux manuscrits écrits sous la dictée de l'illustre évêque, des minutes de la correspondance avec Leibniz et des copies des lettres de ce dernier. C'est un ensemble précieux de matériaux qui pourraient servir pour un travail historique. L'écriture de l'abbé Ledieu a de certaines analogies avec celle de Bossuet : nous donnons en fac-simile la mention qui termine la copie d'une lettre de Bossuet à Leibniz datée de Marly le 17 août 1701 et qu'il 20 pages in-fol. Comme on le voit, le prélat gardait soigneusement le double de ce qu'il écrivait à Leibniz.

BOSSUET
PREMIÈRES LIGNES DU MANUSCRIT N° 5.

Pour donner une claire et dernière
resolution ou état doutes quelm (N° 1) Le

J'un celonide deTzent c, il faut presuposer

quelques unes

L'ABBÉ LEDIEU

Copie faitte sur l'original demeuré entre les mains de M. l'Évê. de
Meaux, laquelle je certifie veritable, a veritables ce memoires
24 D'aoust St martin 1707. LEDIEU chancellier de Meaux

EN COURS DE PUBLICATION A LA LIBRAIRIE

J. CHARAVAY AÎNÉ

REVUE DES DOCUMENTS HISTORIQUES

SUITE DE PIÈCES CURIEUSES ET INÉDITES

PUBLIÉES AVEC DES NOTES ET DES COMMENTAIRES

PAR

ÉTIENNE CHARAVAY

ARCHIVISTE PALÉOGRAPHE

Cette revue, fondée en avril 1873, paraît chaque mois en un fascicule de 16 pages grand in-8, imprimé en caractères elzéviriens, sur papier de Hollande, par Cl. Motteroz. Chaque numéro est orné de fac-simile d'autographes et de chartes. Le prix de l'abonnement est de 15 fr. pour la France, et 17 fr. pour les départements.

Nous avons fixé pour les personnes qui souscriront à la fois à l'Amateur d'autographes et à la Revue des documents historiques les prix suivants :

Paris.	22 francs.
Départements.	24 —
Suisse, Belgique, Italie, Angleterre, Espagne, Hollande	27 —
Autriche, Allemagne, Suède.	29 —
Russie, États-Unis.	30 —

EN SOUSCRIPTION

SUPPLÉMENT A L'ISOGRAPHIE

DES HOMMES CÉLÈBRES

Le plan et les conditions de souscription seront exposés dans le prochain numéro de l'Amateur d'autographes

Paris. — Typ. Motteroz, 31, rue du Dragon.

www.ingramcontent.com/pod-product-compliance
Lightning Source LLC
Chambersburg PA
CBHW070444080426
42451CB00025B/1438